TRIDUUM

Célébré à Saint-Denis (Bourbon)

A L'OCCASION DE L'INTRODUCTION

DE LA CAUSE

de

BÉATIFICATION DU P. LIBERMANN

Les 31 janvier, 1er et 2 février.

La mémoire du juste sera immortelle.
(Ps. cxi, 7.)

SAINT-DENIS

IMPRIMERIE TYPOGRAPHIQUE A. LEFORT

33, RUE LABOURDONNAIS, 33

1877

TRIDUUM

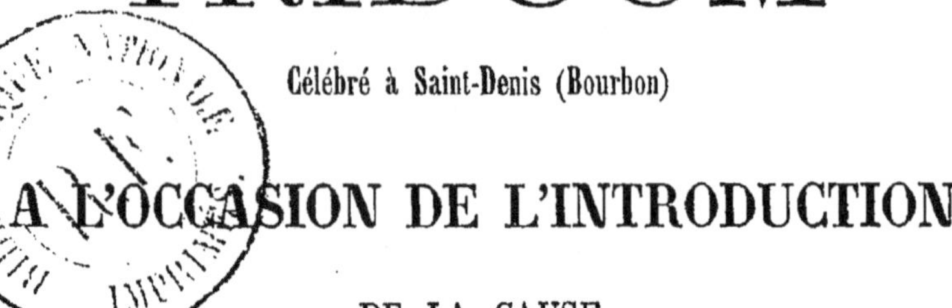

Célébré à Saint-Denis (Bourbon)

A L'OCCASION DE L'INTRODUCTION

DE LA CAUSE

de

BÉATIFICATION DU P. LIBERMANN

Les 31 janvier, 1ᵉʳ et 2 février.

La mémoire du juste sera immortelle.
(Ps. CXI, 7.)

SAINT-DENIS

IMPRIMERIE TYPOGRAPHIQUE A. LEFORT

33, RUE LABOURDONNAIS, 33

1877

TRIDUUM

A L'OCCASION DE L'INTRODUCTION

DE LA CAUSE

de

BÉATIFICATION DU P. LIBERMANN

Nous ne sommes pas à l'époque des solennités religieuses ni des solennités classiques, et cependant nous avons vu le Collége Saint-Charles se réjouir tout récemment comme à ses plus beaux jours de fête.

Pourquoi ces signes de joie et d'allégresse? Pourquoi cet air de fête inaccoutumé que présentait la chapelle du Collége, et ce concours inusité de fidèles que la piété amenait pendant trois jours dans ce sanctuaire béni?

La raison de cette triple fête, pour être plus intime, n'en est pas moins très-sérieuse et très-glorieuse.

Rome, le centre de la vérité, a parlé et a annoncé la plus consolante nouvelle aux RR. PP. du Saint-Esprit et du Saint-Cœur de Marie. Un décret émané du Souverain-Pontife acccorde le titre de Vénérable à leur pieux fondateur François-Marie-Paul Libermann, en même temps qu'il autorise l'introduction de sa cause de béatification.

Cette nouvelle a été pour l'Eglise entière un grand sujet de joie, mais elle a procuré une consolation ineffable à nos Pères du Collége, qui sont les disciples du vénérable Libermann. Aussi ont-ils mis tout en œuvre, dans l'élan de leur reconnaissance, pour célébrer un *triduum* d'actions de grâces aussi solennel que possible. Ils ont choisi le 2 février pour la clôture de ces splendides fêtes, parce que ce jour rappelle à tous les membres de la Congrégation une date touchante et mémorable. C'est le 2 février 1852 que s'est endormi dans le Seigneur le juste P. Libermann. La clôture du *triduum* ne pouvait donc être mieux choisie.

Pendant ces trois jours de grâces et de bénédictions, rien n'a été épargné pour remercier le Ciel et édifier la terre. Tout a été à souhait, même le temps. De fortes pluies sont tombées avant et après le *triduum*, mais pendant la fête le Ciel était serein et semblait nous inviter à la joie de ces beaux jours.

Pendant les deux premiers jours, les exercices eurent lieu à la chapelle de Saint-Thomas, située en face du Collége. Elégamment ornée par des mains habiles, cette chapelle offrait un aspect à la fois pieux et gracieux. Il y eut sermon le matin et le soir : le matin, allocution avant la messe, et, le soir, à cinq heures, panégyrique du serviteur de Dieu, suivi de la bénédiction solennelle du T.-S. Sacrement.

M. le Vicaire Général, administrateur du diocèse, et tous les Prêtres de la ville de Saint-Denis n'ont pas voulu manquer un seul jour à ces réunions de famille.

L'assistance était si nombreuse chaque fois que beaucoup de personnes ne purent trouver de la place dans l'intérieur de la chapelle. On avait pris cependant toutes les mesures possibles pour multiplier les places. Une tribune avait été construite quelques jours auparavant, et c'est là que furent installés la plupart des élèves ; plus de trois cents places restaient donc disponibles dans la nef, et qui ne sait qu'en pareille circonstance le nombre est souvent doublé. Malgré tous ces arrangements, des familles entières ont été obligées de s'en retourner chez elles, le deuxième jour du *triduum*, sans avoir pu pénétrer à la chapelle.

Mais le grand jour, celui qui laissera dans nos cœurs des souvenirs inffaçables, c'est le jour de la clôture. De grand matin la chapelle du Collége était remplie de pieux fidèles qui étaient venus assister aux différentes messes, et recevoir le pain des forts.

A six heures et demie eut lieu la messe de communion des élèves. Tous se présentèrent à la sainte table et reçurent avec une piété angélique le Dieu de l'Eucharistie, Celui qui aime les petits et exalte les humbles.

A huit heures et demie une messe solennelle d'actions de grâces réunit de nouveau la pieuse assemblée. Les offices furent multipliés en ce jour, mais personne ne s'en plaignit : on avait l'âme satisfaite et le cœur plein des plus douces émotions.

Cependant l'heure du dernier office religieux était arrivée. La chapelle du Collége ne pouvait plus suffire : la grande et belle église de Saint-Jacques, qui se trouve à proximité du Collége, allait donc retentir à son tour des louanges du V. P. Libermann.

A cinq heures du soir, tous les élèves du collége, suivis du clergé, se rendirent à l'église de Saint-Jacques. Une foule nombreuse et sympathique en avait déjà rempli la vaste enceinte. Bientôt le chœur fut occupé par le nombreux clergé, attiré par la solennité de la circonstance. Aux prêtres de la ville étaient venus se joindre tous ceux des paroisses environnantes.

Des places particulières étaient réservées aux chefs d'administration et aux notables de la ville.

Le panégyrique fut prononcé, avec un talent supérieur, par le R. P. de Lavaissière, provincial des Pères Jésuites, qui sut captiver son nombreux auditoire pendant une heure entière.

Après ce discours, M. l'abbé Delgéry, Vicaire Général, donna la bénédiction solennelle du Très-Saint Sacrement. En cette circonstance, comme pendant les premiers jours du *triduum*, les élèves du Collége, sous la direction de leurs Pères, exécutèrent plusieurs chants religieux avec un ensemble et un goût parfaits ; quelques-uns ont été particulièrement remarqués, tels que : *Monstra te esse Matrem* de Hermann, chœur à trois voix ; *Jesum omnes* de Bühler, canon à quatre voix ; *O Salutaris* de Lambillotte, chœur à quatre voix ; *Laudate Dominum* de Haydn, chœur à trois voix ; *Regina Angelorum*, chœur à quatre voix.

Pour les autres détails, ceux surtout qui concernent les éloges qui ont été prononcés pendant le *triduum*, voici ce que nous lisons dans notre estimable journal *la Malle* :

« Les fêtes du genre de celles qui viennent d'avoir lieu au Collége Saint-Charles ne sauraient passer inaperçues dans un pays
comme le nôtre, et il est de notre devoir, à nous, de leur con-
sacrer, dans *la Malle*, la place toute particulière à laquelle elles
ont droit.

Il s'agissait, comme on le sait, d'honorer solennellement la
mémoire du Père Libermann, fondateur de la Congrégation du
Saint-Cœur de Marie, qui avait été proclamé vénérable par un
récent décret du Souverain-Pontife.

Ce qu'a été le Père Liberman, et combien il a brillé par les
plus admirables vertus, nous n'avons pas à entreprendre de le
dire en cet endroit, car des voix éloquentes et autorisées, dont
nous nous ferons l'écho tout à l'heure, se sont chargées de l'ap-
prendre à la population de notre ville, qui se pressait aux bel-
les cérémonies du *triduum* dont la clôture s'est faite vendredi
dernier.

Mais ce que nous voulons rappeler seulement ici, c'est que le
vénérable Père Libermann n'est pas un étranger pour nous ;
s'il n'est jamais venu parmi nous, il ne nous en a pas moins ai-
més, car il portait aux pays d'outre-mer l'affection la plus vive
et la plus tendre, et c'est à lui que les colonies de la Guadeloupe, de la Martinique et de la Réunion doivent d'avoir été éri-
gées en évêchés.

———

Le premier jour du *triduum*, à l'office du matin, c'est le R.
P. Corbet, supérieur du Collége Saint-Charles, qui a pris la parole. On sait tout ce qu'il y a de remarquable élévation, en
même temps que de touchante simplicité, dans son langage.
Aussi, cette fois, comme toujours, a-t-il eu le don, si merveilleux
chez lui, de captiver entièrement la nombreuse assistance à laquelle il s'adressait, et qui l'a constamment écouté avec autant
de sympathie que d'attention soutenue. Nous allons nous effor-
cer d'analyser aussi fidèlement que possible cette instructive et
intéressante allocution, dont le texte était tiré du Ps. cxi, v. 7 : *In
memoriâ æternâ erit justus*, la mémoire du juste sera immortelle.

Après avoir cité ce texte, voici les idées que le **R. P.** Corbet a développées en débutant :

Cette glorieuse immortalité qui, selon la promesse divine, s'étendra bien au-delà de tous les âges et n'aura d'autres bornes que l'éternité, est accordée aux hommes qui ont été trouvés justes selon le cœur de Dieu. Le pieux fondateur de la congrégation du Saint-Cœur de Marie, François-Marie-Paul Libermann, est un de ces hommes; il pratiqua les vertus qui font les véritables justes devant Dieu. L'immortel Pie IX l'a solennellement reconnu, en proclamant le serviteur de Dieu Vénérable dans l'Eglise, et en introduisant officiellement sa cause de Béatification. C'est en reconnaissance de cet insigne bienfait que nous célébrons un solennel *triduum* d'actions de grâces.

Puis, s'adressant directement à l'auditoire, il a fait entendre ces paroles, que nous sommes heureux de pouvoir citer textuellement :

« Vous voulez bien vous joindre à nous, chers élèves, en
« cette consolante circonstance. Vous avez bien raison , car
« vous n'êtes pas des étrangers pour le vénérable P. Liber-
« mann. Dans une famille bien unie, tout est en commun, les
« joies comme les peines. Quand donc notre Père bien-aimé,
« du haut du Ciel, nous bénit et nous protége, il vous bénira
« aussi et vous protégera, vous qui êtes nos enfants.

« Mais vous aussi, mes frères, vous avez droit à une protec-
« tion spéciale de ce serviteur de Dieu , car, sans être venu
« à Bourbon, il connaissait Bourbon, il aimait ses chers habitants
« et s'intéressait à eux, comme le prouve l'histoire de sa vie,
« comme le prouvent surtout les œuvres qu'il a établies et celles
« qu'il a contribué à établir dans les colonies françaises. Pou-
« vait-il, en effet, ne pas connaître et aimer Bourbon, puisqu'il
« a vécu dans l'intimité, pendant de longues années, avec un
« ancien enfant de Bourbon dont le nom bien connu est en-
« core aujourd'hui vénéré et béni dans la Colonie aussi bien que
« dans la Congrégation du P. Libermann ? »

Entrant alors d'une manière toute spéciale dans son sujet, et afin de mieux faire comprendre aux assistants l'objet du *tri-*

duum et les dispositions avec lesquelles on devait le célébrer, le R. P. Supérieur a d'abord parlé de la sagesse dont l'Eglise fait preuve dans la canonisation des saints ; ensuite, il a expliqué les formalités et les procédures à la suite desquelles le P. Libermann venait d'être déclaré Vénérable ; enfin, il a dit à tous comment on devait marcher sur les traces du serviteur de Dieu, sinon pour obtenir la glorification sur la terre, du moins pour partager un jour son bonheur dans le Ciel.

En effet, à l'aide d'un résumé succinct du beau traité de Benoit XIV sur la canonisation des saints, le R. P. Corbet a indiqué les formalités qui sont à remplir et le contrôle sévère qui est exercé lorsqu'il s'agit de constater l'héroïcité de la vertu des serviteurs de Dieu. Tout le monde a pu comprendre, à la suite de cet exposé, quelles sont les formalités prescrites pour arriver à introduire une cause de béatification , quelles sont aussi les nouvelles enquêtes en usage pour obtenir le décret qui doit intervenir à cette occasion, et enfin quelles sont les minutieuses investigations qui précèdent la canonisation. Quand on pénètre dans ces détails, on peut bien défier, comme l'a fait l'orateur qui en donnait connaissance, « la malignité la plus ingénieuse d'inven-« ter des moyens plus efficaces pour prévenir l'erreur et démas-« quer l'imposture, que n'en ont imaginé les tribunaux chargés « d'instruire les causes de béatification et de canonisation. »

Après avoir fait ressortir la touchante coïncidence qui nous montre le vénéré père Libermann quittant cette terre pour aller recevoir au Ciel la récompense des saints, au moment même où l'on chantait à la chapelle ce verset du *Magnificat : Et exaltavit humiles ;* après avoir rappelé que, pendant sa vie, le serviteur de Dieu jouissait déjà d'une grande réputation de sainteté, puisqu'un de ses directeurs, qui l'a connu tout particulièrement, disait souvent de lui : Ah ! mon bon Libermann, ce sera le premier saint canonisé de notre époque ; après avoir démontré surtout que cette réputation de sainteté se fortifia et se répandit au loin après sa mort, par les personnes qui l'avaient connu, par la pieuse histoire de sa vie et par les miracles opérés à son invocation, le R. P. Supérieur a fait connaître les noms des éminents membres du tribunal ecclésiastique chargés d'instruire le procès de l'Ordinaire. Ce tribunal, a-t-il dit, tint ses séances tous les lundis, pendant une année entière. Plus de cent témoins vinrent faire la déclaration de ce qu'ils avaient vu et connu d'édifiant.

Pendant ce temps, de nombreuses lettres postulatoires furent adressées au Souverain-Pontife de tous les points du globe. Ces lettres se comptaient par centaines : il y en avait quatre écrites par des cardinaux, quinze par des archevêques, quatre-vingts par des évêques de France et de divers pays, puis des centaines émanées de supérieurs d'instituts religieux, de chapitres, de divers établissements ecclésiastiques, d'un grand nombre de prêtres et de laïcs honorables.

Après cela, le R. P. Supérieur avait donc raison de s'écrier : « Toutes ces lettres, jointes aux témoignages de ceux qui avaient « connu le P. Libermann, formèrent un corps de preuves si « complet que l'on eût pu croire que l'affaire serait presqu'aus- « sitôt finie que commencée. Mais la précipitation n'est pas le « défaut de la cour de Rome, et les sollicitations multipliées « semblent redoubler sa vigilance. »

Un nouveau tribunal fut, en conséquence, érigé à Rome pour examiner, peser, discuter la valeur des dépositions faites par les témoins et l'importance des lettres postulatoires. L'avocat de la cause fit un rapport remarquable, qui comprenait deux grands cahiers, l'un de 146 pages, l'autre de 436. Son contradicteur, le Promoteur de la Foi, aidé par d'autres personnages exercés en ces sortes de matières, passa une année entière à discuter ce rapport et à préparer les objections ; mais celles-ci furent aussitôt réfutées si victorieusement que la réplique devint impossible. Après cette discussion contradictoire, la S. C. des Rites décida à l'unanimité que la cause était juste et sainte, et qu'il était opportun de demander au Souverain-Pontife l'approbation nécessaire pour introduire sans retard la cause de béatification du digne serviteur de Dieu. Cette approbation fut donnée le 1er juin 1876.

Toutes ces explications terminées, le R. P. Supérieur a indiqué, dans une péroraison pleine de chaleur et d'entraînement, les dispositions avec lesquelles devait être célébré le *triduum* :

avec un sentiment de reconnaissance envers Dieu et la sainte Eglise ; avec un sentiment de confiance envers le Vénérable Père Libermann, que nous ne pouvons pas, que nous ne devons pas honorer publiquement par un culte religieux, mais que nous pouvons invoquer au fond de nos cœurs ; avec zèle à imiter ses vertus, surtout sa fidélité à correspondre à la grâce. Le P. Libermann a pu dire en toute vérité, avec l'apôtre saint Paul : *Gratia Dei id sum quod sum.* C'est par la grâce de Dieu que je suis ce que je suis ; par la grâce que Dieu m'a accordée et à laquelle j'ai fidèlement correspondu.

La grâce ne nous fait pas défaut, a ajouté le R. P. Supérieur : tous les jours nous entendons de fréquents appels de Dieu. Eh bien ! comme le Vénérable Père Libermann, répondons aux appels du Seigneur ; ouvrons notre intelligence à sa divine lumière et nos cœurs à ses pressantes invitations.

La série des prédications qui devaient avoir lieu pendant le *triduum* se trouvait très-heureusement ouverte par l'allocution du R. P. Corbet que nous venons d'analyser. Aussi, le même jour, à l'office du soir, une assistance aussi considérable que celle du matin se pressait-elle, sans pouvoir y trouver complétement place, dans l'enceinte de la chapelle Saint-Thomas. C'est M. l'abbé Vauvilliez, curé de Sainte-Suzanne, qui s'est fait entendre dans cette seconde cérémonie. Il avait à prononcer le panégyrique du Père Libermann, et il s'est acquitté de cette tâche avec le talent qu'on avait déjà pu apprécier en lui, lorsqu'il était venu, précédemment, prêcher la station du Jubilé à l'église de l'Assomption. Son discours avait pour texte ces paroles de l'épître de saint Paul aux Romains : *Hœredes quidem Dei, cohœredes autem Christi : si tamen compatimur ut et conglorificemur,* nous sommes les héritiers de Dieu et les cohéritiers de Jésus-Christ, pourvu toutefois que nous souffrions avec lui, afin que nous soyons glorifiés avec lui. Voici le résumé de ce brillant panégyrique :

« L'homme, imbu des principes du monde, éprouve pour la souffrance une horreur invincible et la fuit comme son plus mortel ennemi. Le chrétien véritable ne partage point cette répugnance et se montre toujours disposé à suivre la voie frayée par le divin Maître sur la pente abrupte du Calvaire.

« Aux yeux de la foi, souffrir pour Dieu sur la terre, c'est se préparer au Ciel une moisson de gloire plus abondante. Elle devait donc être bien crucifiée, l'existence du Vénérable Libermann, dont la gloire rejaillit du ciel sur la terre. En effet, à toutes les époques de sa vie la douleur est sa compagne assidue. Que Dieu l'appelle à la grâce du baptême, à celle du sacerdoce ou à la dignité de fondateur d'ordre, il le fait toujours passer par la voie d'amères tribulations et lui impose des déchirements plus qu'ordinaires.

« Jacob Libermann naquit au sein du judaïsme. Dès son entrée dans la vie, la souffrance vient lui faire accueil : son corps est d'une complexion frêle et maladive, et dans son âme ingénue le fanatique rabbin de Saverne souffle la haine du Christ. Ce doux Sauveur qui fait les délices de l'enfance, cet aimable Jésus qui procure à l'âme fidèle les plus ineffables consolations, est pour lui un objet d'anathème ; malgré la douceur de son naturel, la simple vue d'une croix provoque chez Jacob blasphèmes et imprécations... Point de consolations au sein de sa famille ; de bonne heure, il est sevré des caresses maternelles. Il est envoyé à Metz, où l'attendent les mépris et les déceptions. Bientôt il est saisi par le doute poignant du scepticisme. Le Dieu d'Israël n'est plus pour lui le vrai Dieu... Son cœur ressent un vide pénible, son esprit ne sait plus à quelle croyance s'arrêter. Sur ces entrefaites son frère aîné se convertit au catholicisme ; d'autres membres de la famille suivent cet exemple. Désespoir du père, dont les espérances désormais reposeront sur Jacob seul ; celui-ci, du moins, restera un zélateur ardent de la loi de Moïse ; il sera l'honneur et la consolation de l'auteur de ses jours. Les conseils de Dieu en avaient décidé autrement, et le désenchantement le plus douloureux allait frapper le vieux rabbin. Jacob, de l'abîme du doute où il se débat, a entrevu la vérité ; il prie, il cherche, il trouve, il demande le baptême. »

Ici, l'orateur, en un tableau émouvant, retrace le combat dont l'âme du jeune néophyte dut être le théâtre.

« D'un côté, il est sollicité par la voix de la grâce, pressante et persuasive ; de l'autre, se présente à sa pensée l'image de son père, qui va être réduit au désespoir, qui va le renier, le maudire, de son vieux père que cette conversion va précipiter vers la tombe. Mais la grâce l'emporte et Jacob est chrétien.

« La pratique ordinaire des vertus chrétiennes ne suffit pas à notre généreux converti : il désire se donner tout entier au Seigneur, il aspire au sacerdoce. Le séminaire de Saint-Sulpice s'ouvre à lui, et, dans quelques années, François-Marie-Paul Libermann — car il s'appelle ainsi depuis le baptême— va monter au saint autel. L'homme propose, mais Dieu dispose. Le Ciel, qui voulait éprouver notre saint, pour lui procurer l'occasion de mérites nombreux, permet qu'une maladie terrible vienne s'appesantir sur ses membres et lui fermer l'entrée du sanctuaire. La science humaine est impuissante à guérir cette infirmité. — Souffrances physiques, souffrances morales, rien n'est épargné à cette âme privilégiée. Mais sa confiance en Dieu ne se dément jamais, et, au milieu des crises les plus douloureuses, son âme demeure calme et paisible, son visage aimable et souriant. Enfin son héroïque vertu reçoit sa récompense. Notre-Dame de Lorette intercède auprès de son divin Fils, et la maladie, jugée incurable, a disparu sans retour ; à l'autel même de Marie, à Notre-Dame des Victoires, Libermann, revêtu du caractère sacerdotal, offre la victime d'actions de grâces.

« Plus haute cependant était la mission du juif converti : par ses soins devait prendre naissance une congrégation religieuse destinée à faire dans l'Eglise de Dieu le plus grand bien. Mais les œuvres de Dieu sont fondées sur la souffrance et le sacrifice.

« Le vénérable Libermann fut victime avant d'être fondateur. A Rome, où il se rend, tous les genres de douleurs viennent l'assaillir : mépris, rebuts, abandon de ses amis, dénûment le plus complet. Peu lui importe, pourvu que l'œuvre de Dieu se réalise. Et elle se réalisera. La Congrégation du Saint-Cœur-de-Marie est fondée : ses débuts sont simples et modestes, mais surtout douloureux pour le cœur de Libermann. Ses disciples de prédilection, apôtres pleins de zèle, de talents et de vertu, tombent les uns après les autres sur les rivages inhospitaliers de l'Afrique. Pour leur père, resté en France, ces pertes successives sont des coups terribles ; mais sa douleur est toujours résignée, son sacrifice sans restriction, et ce sacrifice se prolonge jusqu'au moment où il va au Ciel recevoir une gloire éternelle en retour de son long martyre en cette vallée de larmes. »

Pour conclure, l'orateur rappelle que la souffrance est le lot de tous les mortels. « Les plus habiles ne sauraient y échapper. Que reste-t-il à faire? Accepter ces souffrances chrétiennement, porter sa croix avec Notre-Seigneur Jésus-Christ, pour être un jour glorifiés avec lui. C'est le conseil que, sur son lit de mort, le vénérable Libermann donnait à ses disciples : Sacrifice pour Jésus..... pour Jésus seul..... avec Jésus..... avec Jésus seul.... Sacrifiez-vous avec Marie..... »

Au second jour du *triduum*, à l'office du matin, le R. P. Horner, de la Congrégation du Saint-Esprit et du Saint-Cœur de Marie, préfet apostolique de Zanzibar, renouvelle l'éloge du Père Libermann.

Après avoir cité les paroles suivantes, tirées de l'évangile de saint Jean : *Ego posui vos ut eatis et fructum afferatis et fructus vester maneat*, je vous ai établis pour que vous alliez prêcher ma doctrine, que vous rapportiez des fruits et que votre fruit demeure, le R. P. Horner rappelle que, sans la vertu, il n'y a point de fruits pour le Ciel. Or, dit-il, le Vénérable Père Libermann a pratiqué excellemment toutes les vertus, surtout la douceur, la patience, la charité et l'humilité. Et le prédicateur s'étend avec d'autant plus de force et de conviction sur ce sujet qu'il a connu personnellement le serviteur de Dieu dont il raconte les mérites ; qu'il a même, pendant un mois, vécu seul avec lui, et qu'il peut parler d'une foule de traits touchants et édifiants dont il a été témoin.

Au surplus, s'écrie le R. P. Horner en terminant, la sainteté du Vénérable Père Libermann ne ressort-elle pas encore de la sainteté des religieux formés par ses soins ; et, pour ne citer que quelques noms qui rappellent de fervents missionnaires morts dans les différents pays du monde, qui dira, en effet, tout ce qu'il y avait de vertus et de zèle apostolique chez le P. Laval à Maurice, le P. Toulouze à Cayenne, le P. Barbier au Sénégal, le P. Lannurien à Rome et Mgr Bessieux au Gabon ?

—

A l'office du soir, dans cette seconde journée du *triduum*, les émotions que l'on avait ressenties le matin, en entendant le R. P. Horner, devaient se renouveler avec la même vivacité, car c'était M. l'abbé Margan, curé de Saint-André, qui prenait la parole, et, comme le respectable prédicateur qui l'avait précédé, il avait eu l'inestimable avantage de connaître tout particulièrement le Père Libermann.

Après avoir cité ce verset de l'Ecclésiastique : *Laudemus viros gloriosos, parentes nostros in generatione suâ,* Louons ces hommes pleins de gloire, qui sont nos pères et dont nous sommes la race, M. l'abbé Margan proclame combien il s'estime heureux d'avoir été appelé à louer le glorieux Père Libermann, qui a été son directeur et son Père spirituel. Il se propose de montrer l'âme du Vénérable, de décrire son intérieur, de raconter ses vertus. Résignation, confiance en Dieu, charité, douceur, humilité, voilà les principales vertus que le digne prêtre fait admirer et aimer dans le vénéré directeur de son âme. Cette aimable causerie a non-seulement intéressé l'auditoire, mais elle a aussi plusieurs fois ému les cœurs, car, dans tous les récits que l'on écoutait avec tant d'intérêt, il n'y avait rien que M. l'abbé Margan n'eût lui-même vu ou entendu. Mais le pieux prédicateur a été surtout heureusement inspiré lorsqu'il a montré l'humilité du Père Libermann attestée par le Ciel même, qui l'a appelé à la gloire des saints le jour où l'on célébrait l'humilité de Marie, et au moment où le chœur chantait ces paroles du *Magnificat*, l'extase de l'humilité : *Et exaltavit humiles.*

—

Au troisième jour du *triduum*, il n'y pas eu de prédication le matin, comme on le sait. C'est à l'office du soir que le discours de clôture a été prononcé par le R. P. de Lavaissière, de la Compagnie de Jésus.

Disons-le tout de suite, ce discours, extrêmement remarquable, a couronné dignement les magnifiques et touchants enseignements que l'on venait de recevoir au cours de ces mémorables cérémonies. Le R. P. de Lavaissière avait pris pour texte du panégyrique qu'il était chargé de faire ces paroles de l'Evangile de saint Luc : *Spiritus Domini super me, propter quod unxit me et evangelizare pauperibus misit me*, L'esprit du Seigneur s'est reposé sur moi, c'est pourquoi il m'a consacré par son onction divine, et il m'a envoyé pour prêcher l'Evangile aux pauvres.

Dans un langage plein d'élévation et aussi brillant que pathétique, l'orateur a montré l'action de l'Esprit-Saint sur le Père Libermann, et, en même temps, les vertus que son onction divine avait développées dans le cœur du Vénérable ; car c'était bien une vocation divine que celle qui avait appelé celui-ci à fonder une congrégation destinée à l'évangélisation des pauvres. On peut dire que le R. P. de Lavaissière, en exposant ces vérités, a tenu, pendant plus d'une heure, l'auditoire sous le charme de sa parole.

Nous devons nous borner à indiquer pour le moment le sujet de ce beau discours, qu'il nous serait absolument impossible d'analyser dans toutes ses parties ; mais nous sommes heureux de pouvoir annoncer à ceux qui seraient désireux de le lire que nous nous trouverons bientôt en mesure de leur en communiquer une reproduction intégrale.

—

Pendant les premiers jours du *triduum*, tout le clergé de Saint-Denis assistait aux cérémonies.

Pour la clôture, on remarquait dans le chœur de l'église Saint-Jacques les ecclésiastiques tant de la ville que des quartiers, dont nous allons citer les noms :

M. l'abbé Delgéry, vicaire général, administrateur du diocèse ; M. l'abbé Peyrou, curé de la Cathédrale ; M. l'abbé

Naninck, curé de l'Assomption ; M. l'abbé Mas, curé de Saint-Jacques ; M. l'abbé Burglin, curé de Notre-Dame de la Délivrance ; M. l'abbé Murat, secrétaire de l'évêché ; M. l'abbé Margan, curé de Saint-André ; le R. P. de Lavaissière, provincial des Jésuites ; le R. P. Horner, préfet apostolique de Zanzibar ; les R. P. Broussous et Malzac, de la Compagnie de Jésus ; M. l'abbé Vauvilliez, curé de Sainte-Suzanne ; M. l'abbé Carrier, curé de Sainte-Marie ; M. l'abbé Stévant, aumônier du Lycée ; M. l'abbé David, curé de Saint-Philippe ; M. l'abbé Joubaud, curé du Bois-Blanc ; M. l'abbé Bergognon, curé du Brûlé ; M. l'abbé Blaisot, curé de la Rivière-des-Pluies ; M. l'abbé Le Bel, curé de Sainte-Clotilde ; M. l'abbé Crocius, vicaire ; M. l'abbé Puren, vicaire de l'Assomption ; M. l'abbé Dauny et M. l'abbé Seigneurie, professeurs au collége ; M. l'abbé Abadie, vicaire de Saint-Jacques ; M. l'abbé Berthomieu, vicaire de Saint-Benoit ; M. l'abbé Camenen, M. l'abbé Barre et M. l'abbé Besnard, vicaires de la Cathédrale ; le R. P. Pineau, curé de Saint-Bernard ; le R. P. Scheuermann, aumônier du Pénitencier ; M. l'abbé Vassart, professeur au collége ; et, en outre, tous les pères et professeurs du Collége Saint-Charles.

Le soir de la clôture du *triduum*, il y a eu illumination et feu d'artifice au Collége Saint-Charles. La principale cour de ce bel établissement était brillamment éclairée par des feux de diverses couleurs, que l'on y avait disposés à profusion et avec beaucoup d'art. Le feu d'artifice, que l'on n'avait pas eu le temps de faire aussi complet qu'on l'aurait désiré, n'en avait pas moins attiré une foule assez considérable à Saint-Charles, d'où chacun est sorti très-satisfait de l'agréable distraction qui venait de lui être procurée.

On gardera certainement parmi nous le souvenir de ces cérémonies et de ces fêtes. »

DISCOURS

A l'occasion

DU TRIDUUM D'ACTIONS DE GRACES

Pour l'introduction de la cause

DU VÉNÉRABLE LIBERMANN

PAR LE R. P. DE LAVAISSIÈRE

> *Spiritus Domini super me : propter quod*
> *unxit me, evangelizare pauperibus misit me.*
> L'Esprit du Seigneur est sur moi : c'est
> pourquoi il m'a imprimé son onction, et
> m'a envoyé annoncer l'Evangile aux pauvres.
> (LUC, IV, 18.)

Mes Frères,

L'Esprit du Seigneur n'est jamais inactif : incessamment il
opère. Son œuvre capitale, on pourrait dire unique, c'est Jésus-
Christ. Il la produisit autrefois dans la plénitude des temps. Mais,
de même qu'au commencement des âges toute l'occupation de
ce divin Esprit, alors qu'il était porté sur les eaux de l'abîme,
consistait à former des ébauches de plus en plus parfaites de
Jésus-Christ ; de même toute son application, dans la suite des
siècles et la vieillesse du monde, s'emploie à reproduire de mille
manières, sans jamais l'épuiser, la perfection de l'Homme-Dieu,
à former des saints.

Notre dix-neuvième siècle, pour si léger qu'il soit, est obligé,
malgré lui, d'apercevoir ces chefs-d'œuvre de l'Esprit-Saint. Ils
sont tirés de son limon ; ils grandissent dans son atmosphère d'agi-
tation fiévreuse, ils se perfectionnent sous le feu de ses sarcasmes
et de ses railleries, et quelquefois de ses persécutions sanglantes.
Et pourquoi sommes-nous assemblés dans cette enceinte, mes Frères, sinon pour rendre grâces à l'Esprit du Seigneur de nous avoir

donné l'une de ces œuvres célestes dans la personne du V. Libermann ?

Il y a aujourd'hui un quart de siècle, le 2 février 1852, fête de
la Purification de la B. V. Marie, et presque à pareille heure,
dans une modeste cellule du séminaire du Saint-Esprit, à Paris,
un homme exhalait son dernier soupir. Quel était cet homme ?
Si nous interrogeons les âmes religieuses et sacerdotales qui en-
tourent sa couche funèbre, elles nous répondront : Cet homme,
c'est notre Père, fils très-cher de la Vierge Marie ; par la grâce
du Saint-Esprit, il eut dans le cœur l'onction de sa mère, et fut,
à son exemple, l'apôtre des malheureux. Son âme, comme celle
de Marie, glorifia le Seigneur ; et le Seigneur, qui exalte les humbles, fit pour lui de grandes choses. Toutes les générations, c'est
notre ferme espoir, l'appelleront désormais vénérable, bienheureux et saint, selon que le prédit un jour le Souverain-Pontife,
prédécesseur de Pie IX, en posant sur son front de jeune homme
sa main paternelle : « Celui-ci, dit-il, sera un saint. »

Allons donc, dit le monde, celui-ci un saint ! Les saints ne
naissent pas dans nos villes, ni dans nos siècles de progrès. On
les trouve au désert, pendant les ténèbres du moyen-âge. Pour
cet homme qui vient de mourir, il est de notre temps ; l'Alsace
est son pays ; ses parents vivent au milieu de nous. Et n'est-ce
point là le fils du rabbin de Saverne ?

Le monde, mes Frères, parle aujourd'hui comme il y a dix-
huit siècles. Un jour, Notre-Seigneur entre dans la synagogne de
Nazareth, sa patrie ; et, prenant le livre au milieu de l'assemblée, il
lut : « *Spiritus Domini super me : propter quod unxit me, evangelizare pauperibus misit me.* L'Esprit du Seigneur est sur moi :
c'est pourquoi il m'a imprimé son onction, et m'a envoyé annoncer l'Evangile aux pauvres. » Puis il ajouta : « Cet oracle
d'Isaïe trouve aujourd'hui en moi son accomplissement. » Allons
donc, s'écrièrent les Juifs, vous le Christ ! Lorsque le Christ
viendra, personne ne saura d'où il vient. Or nous savons d'où
vous êtes ; vos parents habitent au milieu de nous. Et n'êtes-vous
point le fils du charpentier Joseph ?

Un tel langage ne doit pas nous surprendre. Le monde est

chair, et ne saurait juger les œuvres de l'Esprit. Pour nous, qui ne sommes pas du monde, nous disons avec les fils de Libermann, avec Grégoire XVI et le Souverain-Pontife Pie IX dans son décret du 1er juin dernier, que l'Esprit du Seigneur a marqué cet homme de son sceau, et qu'il faut examiner ses œuvres, instruire son procès devant l'Eglise, afin que la vérité, brillant de tout son éclat, le Vénérable soit proclamé Bienheureux et Saint.

Les épreuves divines que Libermann endura pour que l'Esprit du Seigneur envahît pleinement son âme, *Spiritus Domini super me;* l'onction de ce divin Esprit imprimée en lui, *propter quod unxit me;* et ce merveilleux apostolat des âmes abandonnées, sortant de ces épreuves et de cette onction spirituelle, comme une fleur de sa racine et de sa tige : voilà ce que nous offrons à l'admiration des sages, qui jugent les hommes d'après leurs fruits, et non sur les opinions préconçues de la foule. Telle sera aussi la division de ce discours.

Puisse le divin Esprit et la maternelle bonté de Marie soutenir ma faiblesse dans l'éloge de ce grand homme et vénérable serviteur de Dieu François-Marie-Paul Libermann, fondateur de la Congrégation du Saint Esprit et du Saint-Cœur de Marie.

I. C'est le propre de l'Esprit de Dieu, mes Frères, lorsqu'il veut prendre possession d'un cœur, d'y ruiner d'abord tout ce qui lui est opposé. Il s'attaque ensuite à l'élément purement naturel, et n'épargne pas même ses propres dons, s'il peut à ce prix se créer une place plus vaste dans ce cœur, s'y faire une demeure plus pure, plus en rapport avec son infinie grandeur.

Rien n'était plus opposé à l'esprit de Jésus, que l'esprit du jeune Libermann. L'esprit de Jésus est amour : la haine faisait le fond de celui de Libermann. J'aurai tout dit en le nommant de son nom : c'était l'esprit judaïque. Errant parmi tous les peuples, parce qu'il porte au front, comme Caïn, la tache indélibile du sang de son frère Jésus, le Juif passe au milieu des nations chrétiennes, comme un semeur infatigable de haines contre Jésus et son Eglise. Vous trouvez le Juif à la tête des journaux les plus répandus ; il occupe les premières loges des sociétés secrètes ; il règne aux plus hauts sommets des bureaux de la finance ; on le voit entrer dans nos assemblées et nos sénats ; on le retrouve même ministre d'État et défenseur de nos frontières. Et partout c'est le Juif haineux, ennemi personnel de Jésus, livrant aux Pilates modernes, non plus Jésus, inaccessible à ses fureurs, mais l'Eglise de Jésus, pour qu'elle soit jugée, flagellée, couronnée d'épines, crucifiée, et gardée ensevelie dans un tombeau. C'est de cette nation juive, si bénie autrefois, si maudite aujourd'hui, au sein de notre malheureuse Alsace, que Jacob Libermann naquit. Son père, le rabbin opiniâtre, ne tarda pas à le distinguer d'entre tous ses frères et à mettre en lui ses plus chères complaisances. « Que mon Jacob grandisse, qu'il supplante ses frères ! A lui mes plus spéciales bénédictions ; il aime l'étude ; il excelle dans la haine du Christ ; qu'il soit rabbin comme moi ! »

L'Esprit du Seigneur devait tromper ces aveugles calculs. *Egredere de terrâ tuâ et de cognatione tuâ.* Sortez, enfant, de votre pays et de votre famille, dit un jour l'Esprit à Jacob par la bouche même de son père. Allez dans les grandes villes de Metz et de Paris ; apprenez la loi de vos Pères, et que leur esprit vous conduise ! Et le jeune homme partit. Et le Seigneur, qui terrassa le persécuteur Saul sur le chemin de Damas, voulut se rendre maître du fils du rabbin. Vainement il essaie de regimber contre l'aiguillon : l'Esprit du Seigneur est sur lui : « Assez de doutes, assez de discussions, assez de recherches ; vous avez assez combattu, ô Jacob, contre le Dieu fort, devenez Israël, et tombez à genoux devant le Christ. » Libermann prête l'oreille à la voix du Ciel ; son parti est pris ; le jour de Noël 1826 il recevra dans le Christ une nouvelle naissance. Prières, menaces, larmes paternelles se mêlant aux malédictions judaïques, tout est impuissant contre l'Esprit du Seigneur. Au moment où l'Eglise de Paris chantait avec les anges : « Gloire à Dieu au plus haut des Cieux et paix sur la terre aux hommes de bonne volonté : un petit enfant nous est né ; qu'il soit appelé François-Marie-Paul », le fils du rabbin chantait du plus intime de son cœur : « *Spiritus Domini super me.* L'Esprit du Seigneur est sur moi ; je renonce pour jamais à la perfidie judaïque. Que le seul Esprit de Jésus me possède tout entier et pour toujours ! »

Il vous possèdera tout entier et pour toujours, ô François ; mais il faut auparavant mourir tout entier, et pour toujours, à tout ce qui n'est pas purement esprit en vous. Préparez-vous à l'épreuve. Et l'épreuve arriva.

Libermann est reçu parmi les lévites du Seigneur, dans la sainte maison de Saint-Sulpice. Et il se montre un modèle de vertu. Ecoutez avec quelle candeur il rend compte des moindres mouvements de son âme à son directeur. « Ma mère est morte depuis longtemps, lui dit-il, je la connus à peine. Et mon père m'a abandonné ; il m'a maudit ; mais le Seigneur m'a pris sous sa protection ; il veut être la part de mon héritage. *Dominus pars hœreditatis meœ et calicis mei.* Avec quel bonheur je dis comme François d'Assise dont je porte le nom : *Deus meus et omnia*, Mon Dieu et mon tout. Je suis déjà à la porte du sacerdoce. Encore un pas, deux pas, et je suis prêtre. Il parlait ainsi. Tout à coup son visage se trouble ; son regard devient fixe ; il est jeté violemment contre la terre, qu'il inonde d'une horrible écume. Qu'est-ce donc ? Ah ! c'est l'épreuve, le mal sacré de la médecine païenne, le mal d'En-Haut ou le haut mal de nos pères, la triste, l'affreuse épilepsie, ou pour parler le langage de la Sainte-Ecriture, c'est l'esprit d'infirmité envoyé par l'Esprit du Seigneur à son serviteur Libermann. Pendant dix ans il sera livré en pâture au fléau, fléau de son corps et fléau de son honneur, ruine de ses espérances sur terre, anéantissement de tout bonheur naturel ici-bas. Adieu, santé du corps, et vous, beauté physique de ce visage au type juif, si célèbre en E-ther, en Judith, David, Marie mère de Dieu et Jésus lui-même ! Adieu, rêves saints du sacerdoce ! l'Eglise ne saurait admettre parmi ses ministres celui que le Ciel a marqué de ce signe. Souvent même les hommes le repoussent de leur société. Prêtres de Saint-Sulpice, la révolution arrive, vos ressources diminuent ; soyez bons cependant pour ce juif converti, rejeté par son père, rejeté par l'Eglise. En votre maison de campagne d'Issy, donnez par charité la dernière des places à celui qui la réclame pour l'amour de

Dieu. L'humble François ne gênera personne. Il se fera, autant que ses forces le lui permettront, le serviteur de tous, le valet de tous. Prêtres de Saint-Sulpice, soyez bons pour François Libermann !

O Seigneur, est-ce ainsi que vous éprouvez vos saints? Oui, mes Frères, et les saints le comprennent, et ils disent : *Amplius, Domine, amplius* ; Encore plus, Seigneur, encore plus. Et le Seigneur les exauce.

Aux souffrances honteuses et cruelles de l'épilepsie, supportées pendant plusieurs années dans le calme et la joie de l'Esprit-Saint, d'autres souffrances viennent s'ajouter. Le glaive de l'épreuve pénètre jusqu'à l'âme. Comme le prophète, ou plutôt comme Jésus lui-même, François ressent au plus intime de son être des dégoûts et des craintes mortelles, des tristesses allant jusqu'à l'agonie et à la mort, et il s'écrie comme eux : « Les douleurs de l'Enfer m'ont environné. Oh ! que ce calice est amer ! Père, père, pourquoi m'avez-vous abandonné ? » Quand finira cette douleur surnaturelle, mes Frères? Quand tombera cette flèche de feu entrée dans les profondeurs de cette âme? Comme un cerf frappé par la main du chasseur, porte partout avec lui le trait qui l'a blessé ; ainsi François, de Paris à Rennes, de Rennes à Lyon et à Rome, reste cinq ans entiers sous le coup de cette flèche divine. Marie, à Lorette, pansera son serviteur, arrachera le trait, guérira toute blessure. Elle en a guéri tant d'autres ! Mais d'ici-là que de souffrances ! L'Esprit-Saint était sur lui. *Spiritus Domini super me.*

Impossible, mes Frères, de nous étendre sur un si vaste sujet, recueillant ainsi d'année en année, et comme d'étape en étape, l'histoire de ces épreuves. L'heure nous presse, et il nous reste encore une immense carrière à parcourir. Nous avons d'ailleurs, sans embrasser ce détail infini, un moyen infaillible de sonder la profondeur du gouffre dans lequel cet homme de douleur fut conduit par l'Esprit. Levez les yeux en haut et mesurez la hauteur de ses vertus. Abaissement et élévation sont deux termes corrélatifs dans l'ordre surnaturel. On est d'autant plus élevé qu'on a été plus humilié. *Et exaltavit humiles.* Entrons donc résolûment dans cette nouvelle manière d'étudier le modèle qui nous est offert, et voyons tout d'abord la grandeur de l'onction spirituelle dont le Saint-Esprit pénétra son âme, comme préparation à la grâce sublime de son apostolat.

II. Tout chrétien est un Christ : le nom seul le dit. La grâce sanctifiante, reçue au baptême, est un chrême divin qui nous consacre en Jésus. Ce qu'est l'union hypostatique pour l'humanité du Sauveur, cette grâce sanctifiante l'est pour nous. De même donc que l'union hypostatique consacre l'humanité de Jésus et le fait roi immortel des siècles, prêtre éternel selon l'ordre de Melchisédech, et saint des saints ; de même la grâce sanctifiante, don de l'Esprit-Saint, nous rend rois avec Jésus-roi, prêtres avec Jésus-prêtre, saints avec Jésus-saint. Les chrétiens, je le répète, sont de véritables Christs, des oints du Seigneur. Heureux ceux qui comprennent leur grandeur, et savent conserver précieusement dans leur âme la divine onction de l'Esprit. Leur gloire éclatera un jour, comme celle du Christ, dans les perpétuelles éternités. François, mes Frères, fut de ce nombre. Il resta toujours, avec Jésus, roi, prêtre et saint. Et nous voyons déjà resplendir l'aurore de sa gloire, en attendant de la voir arriver au jour parfait.

Suivez, mes Frères, le vénérable serviteur de Dieu, depuis l'instant où l'eau sacrée du baptême toucha son front, jusqu'à l'heure de sa mort. Le verrez-vous une seule fois abdiquer le sceptre de la domination sur les sens de son corps et les facultés de son âme ? Cette royale et blanche robe de son innocence baptismale, la souillera-t-il par quelqu'une de ces lâchetés, ou l'un de ces honteux compromis si ordinaires, hélas ! dans les hommes de notre temps, avec les ennemis de Jésus-Christ ? Au milieu des plus horribles épreuves, il est maître de son âme ; et la science en est confondue. Il sort d'une crise terrible, et il sourit : « Qu'est-ce donc que cet homme ? s'écrie un docteur qui l'observe. Je sais quels ravages de pareilles convulsions produisent dans tous les sens, quels flots de tristesse elles accumulent au plus profond de l'âme ; et j'ai trouvé M. Libermann tranquille et presque heureux. C'est un ange ou un saint. »

Un ange ? non, docteur. Un saint ? il le sera peut-être un jour. Mais sûrement c'est un chrétien, un de ceux qui peuvent dire avec Jésus-Christ : *Spiritus Domini super me : propter quod unxit me.* L'Esprit du Seigneur est sur moi. Il m'a imprégné de son onction. Voilà pourquoi je règne avec le Christ et par le Christ.

Cette sainte royauté, mes Frères, tous ceux qui approchent le Vénérable, sont forcés de la subir. S'il prie, on le contemple avec admiration s'élevant sur les ailes de la prière jusqu'au trône de l'Eternel, et l'on se recommande à lui. S'il parle, on s'empresse à ses côtés, pour se réchauffer au foyer de sa charité. S'il agit, on se modèle sur lui ; ses exemples entraînent. Cet humble lévite, infirme et repoussé du sacerdoce, voit chaque jour, au sein de cette intelligente et studieuse jeunesse du séminaire, s'étendre sa prodigieuse influence. Il conseille, il exhorte ; on le consulte ; il fait des règlements, il réforme, il règne en un mot par la seule autorité de l'Esprit-Saint et de sa divine onction.

Je ne m'étonne plus dès lors que le Seigneur Jésus, roi et prêtre éternel, au jour où l'on célébrait la fête de son sacerdoce, se présente à lui comme entouré de tous ses condisciples et semblant les lui offrir. Un roi ne doit-il pas avoir ses sujets, une cour ? Et Libermann est roi avec Jésus-roi.

Il est aussi prêtre avec Jésus. Que l'épreuve d'En-Haut remette à de longs jours le moment béni de sa consécration sacerdotale, l'Esprit-Saint n'en commence pas moins à lui conférer dès le baptême un véritable sacerdoce. François tient déjà sous son glaive de sacrificateur la victime sacrée, et l'immole avec Jésus, en union à l'esprit sacerdotal de Jésus. Cette victime, c'est lui-même : « Ma chère maladie, s'écrie-t-il, est pour moi un trésor préférable à tous les biens du monde. Mon corps, mon âme, toute mon existence sont en Dieu. Si je savais qu'il y eût en moi une petite veine qui ne fût pas à lui, je l'arracherais et je la foulerais aux pieds dans la poussière et la boue. » Ame vraiment sacerdotale de François, quelle parfaite image de Jésus-prêtre vous serez, lorsque le chrème saint de l'Eglise se sera ajouté en vous, dans une solennelle onction, à l'onction actuelle de la grâce qui pénètre votre âme ! Que Dieu se glorifie lui-même en hâtant ce beau jour !

Etre saint, mes Frères, c'est être toujours roi avec Jésus-roi, toujours prêtre et victime avec Jésus prêtre et victime. C'est ne jamais vouloir descendre du trône sanglant de la croix, ne jamais déserter l'autel empourpré du Calvaire. La sainteté est tout entière dans cette constance à régner sur soi-même, jusqu'à l'immolation de soi-même ; à rester cloué au gibet infâme de la croix, jusqu'à ce que mort s'ensuive. On croit généralement que rien n'est plus triste que de vivre et de mourir ainsi ; et l'on fuit lâchement devant le travail, la peine, la souffrance, la croix, pour chercher repos et joie dans les biens et les honneurs de ce monde. On se trompe, mes Frères, on se trompe. Les saints seuls sont pleinement heureux. Où mènent en effet nos inconstances ? Aux chutes et aux abîmes. Les chutes créent des habitudes vicieuses avec lesquelles il faut plus tard nécessairement lutter et rompre, si l'on veut se sauver. Les habitudes sont d'ailleurs un esclavage honteux, empêchant toute âme noble d'être heureuse. Dans ce conflit entre la passion et le devoir, le chrétien veut et ne veut pas ; il va à Dieu, et le quitte. Son cœur est dans un flux et reflux perpétuel. Comment aurait-il la paix ?

Libermann, mes Frères, posséda la constance des saints. Il en goûta dès lors l'onction. « Qu'il est heureux ! se disaient l'un à l'autre les séminaristes d'Issy, en contemplant sur les traits amaigris de l'infirme de la maison, les reflets d'une joie céleste ; qu'il est heureux ! » Oui, mes Frères, Libermann est heureux. Son trône, son autel, sa croix en un mot, *crux inuncta*, la croix embaumée de Jésus fait couler à flots dans son cœur la joie, le bonheur, la divine onction de l'Esprit. Cet instrument de sainteté si redouté des mondains, est l'unique instrument de son bonheur. Je me trompe, mes Frères : avec la croix de Jésus, le Saint-Esprit a donné à François le cœur d'une mère ; et cette mère c'est Marie, la mère du bel amour ; le vaisseau insigne de la dévotion ; l'olivier éclatant de beauté planté dans le champ de l'Eglise, et répandant, par son fruit à jamais béni, l'huile qui guérit les infirmes ; le rosier de Jéricho cachant au milieu des épines ses fleurs mystiques toutes rouges de sang et parfumées d'amour. L'onction céleste, qui a sa source visible dans la croix, tombe sans cesse dans le cœur de Marie et y forme un océan insondable de douceur, une mer sans rivages de vertus et de grâces. Tel est le trésor assigné par l'Esprit à François, pour qu'il y puise lumière dans ses doutes, force et courage dans les luttes royales et les sacrifices sanglants du Calvaire. Tout imprégné de cette spirituelle onction, et revêtu par Marie elle-même, comme autrefois l'ancien Jacob par Rébecca, des vêtements parfumés de Jésus, François pouvait dire : *Spiritus Domini super me : propter quod unxit me.* L'Esprit du Seigneur est sur moi : c'est pourquoi il m'a pénétré de son onction. Il veut me confier l'apostolat des âmes abandonnées. *Evangelizare pauperibus misit me.* C'est ce qu'il nous reste à parcourir rapidement dans la troisième partie.

III. Dieu seul, mes Frères, fait les vocations, et spécialement les vocations à l'apostolat. Aucun homme ne saurait s'appeler soi-même, ni appeler d'autres hommes à la réalisation d'une tâche naturellement au-dessus des forces de l'homme. S'il le tente, il ne recueillera que confusion de son entreprise. L'édifice construit par ses propres efforts sur un sol mouvant, s'écroulera au premier choc des orages. Dieu seul appelle ; et, quand il appelle, il faut lui obéir, parce qu'il est Dieu. Ce n'est pas vous qui m'avez choisi, disait Notre-Seigneur à ses apôtres ; mais c'est moi qui vous ai choisis ; et je vous ai établis ici-bas, pour que vous marchiez, que vous portiez des fruits, et que ces fruits demeurent. *Non vos me elegistis, sed ego elegi vos, et posui vos ut eatis, et fructum afferatis, et fructus vester maneat.* C'est à ce point de vue divin que nous devons nous placer pour raconter les commencements et les progrès de l'apostolat de Libermann, je veux dire de la Congrégation du Saint-Cœur de Marie, qu'il a fondée. Etablir cette congrégation fut en effet l'œuvre capitale de son apostolat, sa vocation sur la terre et comme le magnifique couronnement de cette vie d'épreuves et d'onction spirituelle que nous avons déjà admirée.

Nos plus grands fleuves, mes Frères, ceux qui portent à leur embouchure des navires puissants et des flottes cuirassées, ont souvent leur source cachée dans les flancs escarpés des montagnes ou dans un vallon solitaire ignoré des humains. Ainsi en est-il des grandes institutions chrétiennes, et spécialement de la Congrégation du Saint-Cœur de Marie. Ecoutez son humble origine.

Deux jeunes gens, Frédéric Le Vavasseur et Eugène Tisserand, partis l'un du doux ciel de Bourbon, l'autre de notre ancienne Saint-Domingue, se sont rencontrés au séminaire d'Issy. Leur âme généreuse aspire au sacerdoce, et entrevoit dans un prochain avenir les labeurs apostoliques que le Seigneur leur réserve sous d'autres cieux, au lointain pays de leur naissance, dans ces îles si riches des biens du monde, si pauvres des biens du ciel ; si recherchées des colons opulents, si abandonnées par les ouvriers célestes. Mais que peuvent-ils tous deux, ces enfants d'outre-mer, faibles de corps, épuisés par les travaux excessifs de l'esprit ? La carrière du sacerdoce leur sera-t-elle ouverte ? On en doute, ils en doutent parfois eux-mêmes ; et cependant la céleste vision est toujours là, éblouissante, devant leurs regards : il faut qu'ils soient prêtres et apôtres de leurs pays abandonnés. Frédéric et Eugène, cherchez-vous un appui solide. Trop semblables aux lianes flexibles de vos régions intertropicales, vous ramperez à terre, si vous ne saisissez comme elles un de ces arbres vigoureux au tronc duquel elles s'enlacent pour porter de là jusqu'au ciel leurs têtes verdoyantes. Cherchez et vous trouverez ; l'Esprit du Seigneur est avec vous. Leur choix et fait : c'est le Juif converti, l'infirme du séminaire et la balayure du monde, comme il se nomme lui-même après saint Paul, qui sera leur appui. Ne vous trompez-vous point, jeunes gens ? Vous êtes faibles, infirmes, et vous vous adressez à plus faible et plus infirme que vous ! Où est votre sagesse, ô Frédéric, et votre craintive prudence, noble Eugène ? — Notre prudence, notre sagesse ne sont pas de ce monde. C'est l'Esprit qui nous guide. — Ce faible, nous dit-il au cœur, c'est l'appui solide. Dans cet infirme abandonné, voyez l'élu du Seigneur pour l'apostolat des âmes abandonnées ? Qu'est-ce, en effet, que cet attrait mystérieux poussant tant de cœurs

vers ce lévite marqué du sceau de l'Esprit-Saint, sinon un souffle de Pentecôte, une parole du Ciel, un appel divin !

Le monde ne comprend pas cette vocation. Mais que com-
prend-il ?

Le Vénérable lui-même essaie de ne pas comprendre ; il tem-
porise, il résiste. Le voilà quittant Paris pour aller se mettre à la
tête d'un noviciat à Rennes. Vains efforts, le Saint-Esprit parle
toujours ; et sa voix devient si forte que François est obligé de
l'entendre. Oui, c'est l'Esprit, dit-il, l'Esprit du Seigneur qui est
sur moi, *Spiritus Domini super me.* Il me pénètre de sa douce
onction et il m'envoie annoncer l'Evangile aux pauvres. Malheur
à moi si je ne lui obéis ; *væ mihi si non evangelizavero.* Il
m'appelle à Rome ; les obstacles s'accumulent sur mes pas ; je les
surmonterai par son secours. Me voici devant un mur infranchissable. Eh bien ! j'attendrai qu'il tombe, et, passant ensuite
par-dessus ses ruines, j'irai où la sainte volonté de Dieu m'appelle. *Evangelizare pauperibus misit me.*

Transportez-vous par la pensée, mes Frères, au quatrième
étage de cette maison romaine, gîte affreux au toit trop surbaissé
pour qu'on puisse s'y tenir debout, et garni, pour tous meubles,
d'une table, d'une chaise et d'un misérable grabat. C'est la rési-
dence princière d'un fondateur en travail d'une congrégation
nouvelle. Dans cet autre Manrèse un autre Ignace prie, veille,
jeûne, souffre et compose sous l'inspiration de Marie, les consti-
tutions d'une société qui n'est pas encore née. Et naîtra-t-elle jamais cette société dans l'Eglise de Dieu ? Déjà les plus ardents
disciples de François ont senti faiblir leur courage, et ils portent
leurs regards ailleurs. Le temps passe. Rien n'avance. On parle
de déceptions. Le mot d'aventurier est prononcé et désigne le
chef de l'entreprise. Que peut l'Eglise ? L'Eglise, mes Frères,
examine et consulte le Seigneur. Elle se prononce enfin : « C'est
un projet très-opportun que celui de la fondation de votre société
de missionnaires, dit-elle par l'organe du Préfet de la Sacrée-
Congrégation de la Propagande. Ne négligez rien pour répondre
à votre vocation. Persévérez dans votre dessein. »

Pouvait-elle dire plus clairement ce que l'Esprit murmurait à

Frédéric, à Eugène, ce qu'il faisait retentir aux oreilles de François : *Ego elegi vos et posui vos ut eatis*. Je vous ai choisis et je vous ai établis pour que vous marchiez en avant !

Puisqu'il faut marcher, divin Esprit, et que telle est votre volonté, renversez donc le mur infranchissable, cette longue maladie qui s'oppose à tout progrès en avant. Dieu soit loué ! il s'écroule. Depuis trois ans déjà les crises ont disparu. Ne reviendront-elles pas ? Bannissez toute crainte. Comme un messager, son message terminé, revient vers celui qui l'a envoyé ; ainsi l'Esprit d'infirmité, messager de mort et de destruction mystique pour Libermann, remonte vers le Seigneur qui l'a envoyé, laissant son serviteur purifié, agrandi, transfiguré, digne d'être promu au sacerdoce. De Paris, de Strasbourg et d'Amiens des lettres arrivent. Trois évêques se disputent l'honneur de conférer les saints ordres à la glorieuse victime de l'Esprit du Seigneur. Et bientôt Notre-Dame des Victoires a la joie de le voir, entouré de ses frères, offrir à Dieu, sous son maternel regard, le sacrifice d'actions de grâces.

Près d'Amiens un Bethléem s'élève. Que ce soit la maison de paix, le noviciat de la petite société naissante ! Recevez, terre de la Neuville, l'humble grain de sénevé. L'Esprit-Saint vous le confie par la main de François. Il faut qu'il germe et qu'il croisse. *Posui vos ut eatis et fructum afferatis.* Les mois et les années se passent, et le grain de sénevé est devenu un grand arbre. Outre les fleurs des commençants et les vertus des novices, il montre déjà des fruits d'apostolat que le souffle du Seigneur porte jusqu'à l'extrémité du monde. Par un concours merveilleux de circonstances, Maurice et Bourbon ont ouvert leurs portes aux fils de Libermann. Saint-Domingue, la Guinée, le Gabon et le Sénégal suivent la même voie. *Posui vos ut eatis, et fructum afferatis.*

Si Maurice, mes Frères, tressaille encore au souvenir du P. Laval, et montre avec un légitime orgueil les gerbes abondantes de pauvres âmes ramenées au Seigneur par cet intrépide ouvrier ; Bourbon, elle aussi, n'est point privée de cette gloire, et elle a mieux encore. Dans ce sol fertile et si hospitalier de la Rivière-des-Pluies, la main de Frédéric a planté un verdoyant rameau devenu arbre à son tour. O Filles de Marie, l'eussiez-vous jamais cru, alors que vous habitiez le toit de chaume, que vous deviendriez ce que vous êtes aujourd'hui ! Comme la Providence a été bonne pour vous ! Et maintenant, douces filles de cette tendre mère, vous aidez de vos forces juvéniles la Congrégation qui vous donna le jour. Un apôtre intrépide, un Père tout aimable, le préfet apostolique de Zanzibar vous appelle, et les océans ne vous retiennent pas ; je vous découvre auprès de lui, moissonnant sous sa direction les âmes infidèles, et concourant à ses plus grands desseins. Ah ! grandissez encore ; grandissez toujours, saintes filles de Marie !

Pendant que Maurice et Bourbon recueillent dans l'allégresse, Eugène et ses compagnous sèment à Saint-Domingue, en Guinée, au Gabon, dans les larmes et les tribulations. Il y a là des exils, et des retours plus amers que l'exil. On fonde des vicariats apostoliques, on lutte, on se fatigue, on meurt. Mais ne craignez pas ; la mort aura beau multiplier ses ravages parmi les fils de Libermann, et atteindre du même coup le cœur sensible du père, on ne verra pas de défaillances ; il n'y aura pas de cris de désespoir. De nouvelles recrues remplaceront les victimes tombées au champ d'honneur, et la devise du père sera toujours le refrain des enfants : *Sive vivimus sive morimur, Domini sumus et Mariæ ;* soit que nous vivions, soit que nous mourions, nous sommes au Seigneur et à Marie.

Laissons un instant, mes Frères, les plages inhospitalières du Gabon, et revenons à Paris. Il ne s'agit plus ici d'âmes abandonnées ou de terres désertes. Une œuvre à la fois européenne et coloniale, une vénérable congrégation religieuse, formée autrefois par l'inspiration de l'Esprit du Seigneur, se voit aujourd'hui battue par le souffle mauvais du siècle. Qui lui offrira un asile contre la tempête ? Où trouvera-t-elle un port dans le naufrage ? Libermann est généreux ; il a pitié de sa sœur éprouvée par le Seigneur ; et les deux congrégations n'en feront plus désormais qu'une seule, sous le nom du Saint-Esprit et du Saint-Cœur de Marie. *Date et dabitur vobis ;* donnez et l'on vous don-

nera. C'est la parole du Maître. Le vénérable Libermann devait dès ici-bas éprouver la vérité de cette parole et recevoir
la récompense de son acte d'hospitalité chrétienne. Une influence
nouvelle d'apostolat et des moyens d'action plus puissants
sur les sociétés coloniales, lui viennent par cette annexion paci-
fique. Quelle autre récompense pouvait lui être plus douce que
celle-là ? Sous son habile et forte direction, le séminaire colo-
nial du Saint-Esprit refleurit en nombre, en science et en piété.
Bourbon, la Martinique et la Guadeloupe compteront dès lors un
clergé plus nombreux, et de plus en plus instruit et zélé. Oh ! si
ce bien pouvait être stable ! Et quel autre moyen de le rendre
stable, sinon de mettre à la tête du clergé de chaque île un
père, un évêque ? L'évêque n'est-il pas le centre de tout bien religieux dans un pays ? N'est-il pas la clef de voûte de toutes les
bonnes œuvres ? Les ouvriers du Seigneur n'aiment-ils pas à se
grouper autour de leur évêque comme les abeilles autour de leur
reine ? Et ne s'éloignent-ils pas, ne manquent-ils pas d'ordinaire
lorsque l'évêque vient à manquer ?

Libermann l'a compris. Il s'adresse donc à Rome et à Paris,
et demande avec instances un évêque pour chacune des trois
grandes îles françaises. De savants mémoires sont composés par
lui, et expédiés en cour de Rome. Le conseil de nos ministres,
saisi de cette question, a recours à ses lumières et lui adresse des
félicitations. La cause est enfin gagnée. Bourbon, la Martinique
et la Guadeloupe auront leurs évêques. Gloire et reconnaissance
au Vénérable, et à l'Esprit qui l'inspira ! Ce fut son dernier
triomphe apostolique sur la terre. Le Ciel déjà lui préparait la
récompense de tous ses travaux.

Aux colonies, plus que partout ailleurs, mes Frères, le sol
tremble et fait vaciller, et tomber souvent, les fortunes les plus
stables, les œuvres les mieux établies. Que de changements autour de nous depuis l'établissement des trois évêchés ! Et, pour
ne point sortir de notre sujet, qu'est devenu cet établissement admirable que le zèle d'un des enfants de Libermann, Mgr Duboin,
aujourd'hui Vicaire apostolique de la Sénégambie, avait su rendre
si florissant pour la plus grande gloire de Bourbon ? Qu'est-de-

venue l'Ecole professionnelle de la Providence ? Le souffle révolutionnaire l'a égalée au sol. Une autre œuvre aussi de cette belle colonie, mais confiée à d'autres ouvriers, et forcément abandonnée par eux, par la misère des temps, est venue frapper à la porte du Saint-Cœur de Marie, et ce Saint-Cœur s'est ouvert pour la recevoir. Et maintenant, sous le nom de Saint-Charles, nous la voyons, dans tout l'éclat d'une première floraison, promettre pour l'avenir des fruits plus beaux que jamais. Ah ! que ces fruits demeurent ! *Fructus vester maneat !* Que ces évêchés demeurent ; que ce clergé formé par de si bons maîtres à la science et à la vertu, demeure et prospère ! Que les missions de l'Afrique orientale et occidentale demeurent, s'étendent et se donnent la main dans l'intérieur de ce vaste continent ! Que tout le bien entrevu par le Vénérable Libermann demeure ! *Fructus vester maneat.* Mais par-dessus tout qu'elle se conserve et demeure jusqu'à la fin, cette Congrégation du Saint-Esprit et du Saint-Cœur de Marie, source de tant de biens passés, présents et à venir ! *Fructus vester maneat !*

Mes Révérends Pères et mes bien chers Frères, enfants chéris de Libermann, permettez-moi de m'adresser spécialement à vous en terminant ce discours. L'Esprit du Seigneur, l'Esprit de votre père est sur vous. Attendez-vous donc aux épreuves : elles ne vous manqueront pas. Mais les épreuves dilatent la capacité de l'âme, et fortifient les institutions ; vous ne les craignez pas. A Dieu ne plaise que je vous fasse l'injure de demander au Ciel de vous les épargner ! Un souhait plus digne de vous vient ici naturellement se placer sur mes lèvres : c'est le souhait de la charité. Oui, que cette charité fervente, même au milieu des croix, charité de Jésus, véritable onction du Saint-Esprit, que le Vénérable, sur son lit de mort, demandait à Dieu pour tous ses enfants, remplisse de plus en plus vos cœurs, comme elle remplissait le cœur de votre père ! L'apostolat des âmes abandonnées, cet apostolat qui vous est si cher, arbre merveilleux déjà si haut et chargé de tant de fruits, grandira alors chaque jour davantage. Les fidèles, en contemplant sa prodigieuse hauteur, jouissant de son ombre, et goûtant de ses fruits, béniront les enfants et le père. L'Eglise, de sa voix infaillible, approuvera ces élans de piété, et elle dira : Celui qui planta ce grand arbre, enfants, c'était un saint ; honorez-le. Ah ! vienne bientôt le grand jour de cette solonnelle proclamation de la sainteté de Libermann ! c'est le vœu de mon cœur fraternel, c'est le désir intime de vos cœurs de fils ; que ce soit en clôturant ce *triduum* la prière de tous : Donnez, divin Esprit; donnez, Vierge Marie, à une congrégation de saints, un père officiellement et canoniquement proclamé saint !...

Ainsi soit-il !

LA SOIRÉE DU 2 FÉVRIER

Agréable soirée ! De quelle douce ivresse elle a rempli nos cœurs ! Comme elle venait clore dignement ces trois jours de légitimes et solennelles actions de grâces !

A peine le dernier coup de la huitième heure a-t-il résonné sur le timbre métallique et sonore de l'horloge ; à peine est-il venu mourir en murmurant à nos oreilles, que les portes s'ouvrent à deux battants. La foule pousse un cri et se précipite dans les cours du Collége. Nous nous laisons emporter par les flots de ce torrent envahisseur ; mais bientôt, devant le spectacle qui frappe nos regards, nous nous arrêtons, et un cri d'admiration s'échappe de nos lèvres.

Au milieu de la grande allée de palmiers qui divise l'établissement en deux parties égales, entre les deux corps de logis, s'élevait un splendide et lumineux arc-de-triomphe. Il avait la forme d'un portail que soutenaient des colonnes élancées, autour desquelles grimpaient en spirales les tiges roulantes de quelques lianes fleuries. Mille lumières en faisaient ressortir la gracieuse et svelte architecture. Une croix de feu le surmontait, au pied de laquelle, sur un transparent de dimensions colossales, étaient tracées ces paroles du *Magnificat* : « *Et exaltavit humiles* ». Courte, mais significative inscription. Elle était comme le mot de l'énigme. Pourquoi, en effet, ces démonstrations de la plus vive allégresse ? — Le Seigneur, par la voix de son Eglise, a exalté l'humble Libermann ; il a reconnu à ses vertus un caractère héroïque ; en lui conférant un titre d'honneur, il le recommande à la vénération de l'univers entier. *Et exaltavit humiles.* — En outre (coïncidence admirable), c'est au moment même où ces paroles se chantaient à quelques pas de son lit de souffrance, que l'âme du saint fondateur prit son essor vers la cité céleste, le 2 février 1852.

Nous faisions ce rapprochement lorsqu'un spectacle plus beau vint frapper nos regards.

Aux deux côtés de l'arc-de-triomphe se rattachait un cordon de lumière qui, suivant la ligne des palmistes, reliait entre eux ces arbres par de symétriques festons. A droite et à gauche de l'allée se balançaient dans les airs des lanternes vénitiennes : les unes tournoyaient lentement autour des troncs des palmiers, revêtus de fougère odorante ; d'autres étaient suspendues aux rameaux des arbres. On leur avait donné des formes et des couleurs différentes : celles-ci, bleues et rouges, se retournaient en conques marines ; celles-là étaient toutes rondes ; la plupart, nuancées de mille teintes, avaient la forme de petits cylindres allongés. Elles remplissaient les ténèbres d'une infinité d'éclats tendres et doux, qui allaient se refléter sur le sombre feuillage des arbres.

Un peu plus loin, à l'endroit où l'allée se partage en deux branches qui embrassent un élégant parterre, la statue de la sainte Vierge s'élevait, entourée de nombreux flambeaux. Sa tête était couronnée d'une auréole de flammes ; sa figure douce et aimable, ses bras tendus vers nous, tout dans son attitude faisait croire qu'elle se mêlait, elle aussi, à nos joies, et présidait gracieusement cette fête célébrée à la gloire d'un des serviteurs les plus dévoués de son cœur maternel.

Autour et au loin de la statue, se déroulait une plaine recouverte d'un gazon tendre sur lequel nous nous assîmes.

En ce moment, une brise légère, s'échappant des gorges des montagnes, nous amena sa fraîcheur délicieuse, et tempéra les restes mourants de la chaleur qu'avaient déposée dans l'atmosphère les rayons embrasés du soleil des tropiques ; et la lune, retardant son réveil, paraissait vouloir se cacher quelques heures encore au sein des ondes, pour ne pas éclipser l'éclat du feu d'artifice.

Il commença bientôt.

Une détonation se fait entendre. C'est le signal ! La foule se tait, reste silencieuse ; toutes les poitrines battent, retiennent leur haleine : on attend... Les artificiers courent de tous côtés, préparent leurs pièces, les installent, les alignent. La mèche est allumée ; l'un d'entre eux, la brandissant, l'approche de la fusée. Des étincelles jaillissent et retombent sur le sol ; les artificiers font un bond en arrière. Le salpêtre s'irrite, la fusée éclate, siffle, s'élance vers le ciel, laissant derrière elle une longue traînée d'éclairs, et, après avoir atteint presque les nues, décrit une courte parabole, puis se divise en une pluie d'étincelles qui, flottant lentement dans les airs, disparaissent, reparaissent et se transforment en étoiles multicolores.

La foule ne met plus de bornes à ses transports, un long applaudissement retentit ; et la fanfare militaire, lançant ses plus harmonieuses notes, vient ajouter au plaisir des yeux le charme des oreilles.

Une seconde, une troisième, vingt, trente fusées, les unes pressant les autres, poursuivent, rattrapent la première, sifflent, volent, éclatent, tombent, remontent, se précipitent de nouveau, cascade d'émeraudes, grêle de rubis et de topazes : on dirait des lutins folâtres qui se cherchent, s'approchent et se fuient dans de capricieuses évolutions. Le léger souffle du vent les emporte dans l'espace, les promène longtemps dans les champs de l'air ; puis, l'une après l'autre, ces étincelles d'or et d'argent pâlissent et jettent une dernière lueur ; leur nombre s'affaiblit peu à peu, et les ténèbres, poursuivant leur conquête, les ont bientôt absorbées.

Les spectateurs alors ne peuvent retenir un murmure de regret.

Images de la beauté qui périt, brillantes étoiles, fleurs des ténèbres, fusées qui paraissez animées, vous me rappelez ces hommes pleins de gloire et de splendeur, qui étonnent et illuminent l'univers pendant quelques instants, mais qui s'éteignent bientôt sous le souffle de la mort, emportant avec eux nos regrets et nos pleurs.

Pour ne pas mettre à l'épreuve la patience du public, on alluma des feux de bengale disposés en cercle autour de la statue de

la Sainte-Vierge. De plus, entre chaque palmier, dans des cas-
solettes de terre, brûlaient des flammes de plusieurs couleurs,
merveilleux produits de la combinaison des éléments. Les unes
étaient vertes, d'autres d'un rouge ardent, les autres d'un violet
pâle ; toutes, elles lançaient des rayons qui, en divergeant,
donnaient un aspect fantastique aux groupes des spectateurs.

On avait réservé le bouquet pour la fin. Ce fut pendant quelques minutes comme un immense jet d'eau qui, montant vers
les nues, s'épanouissait bientôt, et laissait retomber sur nos têtes une pluie crépitante d'or et d'argent. L'admiration fut à son
comble, et l'imagination naïve des petits enfants se plaisait à y
reconnaître les fleurs les plus diverses de nos jardins : des lys,
des roses, des pensées et des œillets.

Soudain une détonation retentit, et tout rentra dans l'obscu-
rité. La fête était finie (il est juste de le dire, contre notre gré),
la lune se leva bientôt dans le firmament, et ce fut sa clarté se-
reine qui guida nos pas jusqu'à nos demeures.

Instants délicieux, pourquoi votre existence fut-elle si éphé-
mère ?... Mais c'est la marche accoutumée du plaisir. On le pour-
suit de ses rêves, on l'atteint non sans peine, on en jouit, et
déjà il n'est plus. Heureux qui sait le subordonner à la raison
et à la conscience !

J. DEJEAN DE LA BATIE,
Élève de seconde.

Saint-Denis. — Imp. A. LEFORT.

103

9 7 8 2 0 1 2 8 4 4 7 9 7